**Marisa Russo**

**Messaggi simbolici in icone religiose**

Marisa Russo

# Messaggi simbolici in icone religiose

## La natura nella iconografia cattolica: valore etico aggregante tra tutte le religioni

Edizioni Sant'Antonio

**Imprint**



Cover image: Fornito dall'autore

Publisher:
Edizioni Accademiche Italiane
is a trademark of
International Book Market Service Ltd., member of OmniScriptum Publishing Group
17 Meldrum Street, Beau Bassin 71504, Mauritius

Printed at: see last page
**ISBN: 978-613-8-39066-4**

*MARISA RUSSO*

# MESSAGGI SIMBOLICI IN ICONE RELIGIOSE

## LA NATURA NELLA ICONOGRAFIA CATTOLICA

### valore etico aggregante tra tutte le religioni

**"MADONNA DELLA PACE ovvero DELL'ULIVO"**

## *UNO SGUARDO PROFONDO AL LINGUAGGIO SIMBOLICO DEGLI ELEMENTI NATURALI AIUTA A COMPRENDERE CHE SIAMO PARTE DI UNA UNICA CREAZIONE*

*"……….Laudato si', mi' Signore, per sora nostra matre Terra,la quale ne sustenta et governa,et produce diversi fructi con coloriti fiori et herba--------"*

*(Cantico delle Creature di San Francesco d'Assisi)*

Come ricorda **Papa Francesco, nella lettera della sua Enciclica "Laudato si",** San Giovanni Paolo II, nella sua prima Enciclica, osservò che l'essere umano sembra «non percepire altri significati del suo ambiente naturale, ma solamente quelli che servono ai fini di un immediato uso e consumo»

Papa Francesco ancora scrive "*L'autentico sviluppo umano possiede un carattere morale e presuppone il pieno rispetto della persona umana, ma deve prestare attenzione anche al mondo naturale e tener conto della natura di ciascun essere e della sua mutua connessione in un sistema ordinato»*

La simbologia, i messaggi silenziosi della Natura, con forme, colori e fisiologia, favorisce molto la comprensione di questa essenziale connessione.

E' un linguaggio silenzioso che non ha diversità di lingue, che accomuna Religioni diverse in un bisogno di conoscenza e di armonia totale vitale.

**La Chiesa Ortodossa tramite il Patriarca Ecumenico Bartolomeo**, scrive Papa Francesco, *si è riferito particolarmente alla necessità che ognuno si penta del proprio modo di maltrattare il pianeta, perché «nella misura in cui tutti noi causiamo piccoli danni ecologici», siamo chiamati a riconoscere «il nostro apporto, piccolo o grande, allo stravolgimento e alla distruzione dell'ambiente». Su questo punto, egli* *si è espresso ripetutamente in maniera ferma e stimolante, invitandoci a riconoscere i peccati contro la creazione: «Che gli esseri umani distruggano la diversità biologica nella creazione di Dio; che gli esseri umani compromettano l'integrità della terra e contribuiscano al cambiamento climatico, spogliando la terra delle sue foreste naturali o distruggendo le sue zone umide; che gli esseri umani inquinino le acque, il suolo, l'aria: tutti questi sono peccati». Perché «un crimine contro la natura è un crimine contro noi stessi e un peccato contro Dio»*

I Vescovi del Sudafrica hanno detto:, «*i talenti e il coinvolgimento di tutti sono necessari per riparare il danno causato dagli umani sulla creazione di Dio*».

"*San Francesco, fedele alla Scrittura, ci propone di riconoscere la natura come uno splendido libro nel quale Dio ci parla e ci trasmette qualcosa della sua bellezza e della sua bontà: «Difatti dalla grandezza e bellezza delle creature per analogia si contempla il loro autore» (Sap 13,5) e «la sua eterna potenza e divinità vengono contemplate e comprese dalla creazione del mondo attraverso le opere da lui compiute» (Rm 1,20). Per questo chiedeva che nel convento si lasciasse sempre una parte dell'orto non coltivata, perché vi crescessero le erbe selvatiche, in modo che quanti le avrebbero ammirate potessero elevare il pensiero a Dio, autore di tanta bellezza.[21] Il mondo è qualcosa di più che un problema da risolvere, è un mistero gaudioso che contempliamo nella letizia e nella lode.*"

In questo meraviglioso mistero troviamo un filo nell'osservazione simbolica proiettata, a volte coscientemente ed a volte istintivamente, nell'iconografia religiosa cattolica.

## L'ESPRESSIONE ARTISTICA COMUNICAZIONE IMPORTANTE

### Richiamiamo alla "LETTERA AGLI ARTISTI" di Giovanni Paolo II

L'Artista per particolare sensibilità recepisce, a volte anche inconsciamente, messaggi reconditi e con le sue espressioni si fa filtro comunicativo di grande valore.

Giovanni Paolo II scrive *"L'Artista divino, con amorevole condiscendenza, trasmette una scintilla della sua trascendente sapienza all'artista umano, chiamandolo a condividere la sua Potenza creatrice"*

*" Si comprende perchè al dialogo con l'Arte la Chiesa tenga in modo speciale desideri che nella nostra età si realizzi una nuova alleanza con gli artisti, come auspicava il mio venerato predecessor Paolo VI…."*

Ritengo quindi importante inserire in questo mio breve testo opere artistiche, che, in modo immediato ed emotivo, evidenzino il grande valore della Natura messaggera di profondi contenuti.

**Padre Marie Domenique Chenu** afferma che lo stesso storico della teologia farebbe opera incompleta se non riservasse la dovuta attenzione alle realizzazioni artistiche che costituiscono, a loro modo, non soltando delle illustrazioni estetiche, ma dei veri "luoghi" teologici.

*" La Chiesa ha bisogno, in particolare, di chi sappia realizzare tutto ciò sul piano letterario e figurativo, operando con le infinite possibilità delle immagini e delle loro valenze simboliche-* continua **Giovanni Paolo II nella "Lettera agli Artisti"**_*"Cristo stesso ha utilizzato ampiamente le immagini nella sua predicazione, in piena coerenza con la sua scelta di diventare egli stesso, nell'Incarnazione, icona del Dio invisibile"*

***"L'Artista è sempre alla ricerca del senso recondito delle cose, il suo tormento è di riuscire ad esprimere il mondo dell'inafferrabile."***

***" A contatto con le opere d'Arte, l'umanità di tutti I tempi_anche quella di oggi_aspetta di essere illuminata sul proprio cammino e sul proprio destino"***

In particolare in questo tempo di oltraggio alla Natura, di distruzione di equilibri Naturali in tutto il mondo, la Religione e l'Arte si intersichino sempre di più per richiamare gli esseri umani, di qualsiasi territorio e di qualsiasi scelta religiosa, a ridimensionare il suo potere esaltato, in una visione non più antropocentrica, ma biocentrica, per considerare ogni vita armoniosamente legata al tutto, unica creazione.

## MADONNA DELLA PACE OVVERO DELL'ULIVO

## L'ULIVO SIMBOLO DAI TANTI MESSAGGI

**Situata nell'omonima Cappella di S.Maria di Castellabate Opera di Elena Vilkov_2017**

**Ideazione e Direzione Artistica Marisa Russo**

L'ulivo nell'immagine della Madonna della Pace è' un inno alla Natura, al suo Grande libro che, con forme e colori, ci trasmette messaggi simbolici essenziali. Simbolo di Pace, ma anche di Conoscenza per la Luce che dona con le sue lampade ad olio, richiama all'illuminazione delle coscienze!

Il suo olio ci consacra dalla nascita, con il battesimo, alla morte con l'estrema unzione. Furono i monaci Basiliani prima e quelli Benedettini poi che svilupparono la coltivazione di questi alberi biblici,

Evidente l'originalità di tale albero cosmico che richiama l'energia solare con un lato delle sue verdi foglie, mentre con l'altro lato delle stesse foglie verde chiaro argentee incamera energie lunari

Alberi longevi e forti molto resistono anche agli incendi ed ai diluvi, come evidenzia la colomba che portò il ramoscello di ulivo dopo il diluvio universale Furono gli alberi dell'orto degli ulivi, del Getsemani, che diedero forza nel momento della paura a Cristo uomo inseguito e che, contorcendo i loro tronchi e rami, resero impossibile il loro uso per preparare la sua Croce .

*"…E tu però, se saggio sei, provvedi che nei tuoi campi numeroso alligni questo caro alla pace arbor fecondo"* (Virgilio)

Il richiamo a questi alberi è forte e significativo nell'immagine della Madonna della Pace, sembra evidenziare l'importanza della Natura elemento unificatore , di Pace, tra tutti gli umani.

**L'opera in copertina, eseguita con bravura pittorica da Elena Vilkov**, richiama ai valori dell'umiltà, all'importanza dei lavori agricoli e della loro tutela.

E' una Madonna semplice, inserita nell'habitat agricolo.

E' un inno alla Natura della religione cattolica, un sacro immanente che conduce nel sacro trascendentale.

## MADONNA DEL ROSARIO

## CORONCINA DI ROSE, CIASCUNA PER UNA AVE MARIA

## LA ROSA DAI TANTI SIMBOLI

Il Rosario costituito da roselline offerto a Santa Caterina da Siena

Opera di **Maria Rosaria Verrone** –Chiesa San Pasquale Case del Conte Montecorice (Salerno) 2017_ Particolare

In questa epoca in cui l'Ambientre Naturale si deve porre quale valore etico fondamentale aggregante, al di sopra di ogni divisione di nazioni, religioni, partiti, nella necessità improrogabile di un recupero della naturalità, dell'equilibrio dell'habitat troppo sconsideratamente violentato, devono essere messe le basi per una cultura che ritrovi l'unione tra filosofia, religione, scienza ed arte per una qualità di vita migliore.

Sono richiami all'importanza della vita in ogni sua espressione, umana, animale, vegetale, minerale, al necessario cambiamento dall'esasperato, sconsiderato, antropocentrismo, che ha visto l'uomo nella sua cieca presunzione violentare l'equilibrio naturale, al biocentrismo in un equilibrio vitale generale.

Tanti sono i richiami alla Natura nella liturgia cattolica.

Attenti sguardi su forme e colori naturali divengono simboli di richiami spirituali.Tuttavia troppo spesso se ne dimentica il richiamo, il messaggio iniziale.

*"Nessun libro insegna cose profonde come il libro della Natura"* affermava **San Bernardo da Chiaravalle**.

Chi ricorda perchè si chiama Rosario la coroncina che si adopera per seguire le Ave Maria ed i Misteri ?

Lo inventò San Domenico, per rappresentare un serto di fiori di rosa offerto alla Madonna:.ogni grano una rosa, ovvero una preghiera.

La particolare forma della rosa con tanti strati di petali in cerchi concentrici sino a giungere al centro, è un invito a percorrere vari stadi di meditazione, di conoscenza del sè, sino a raggiungere il centro, l'essenzialità spirituale che conduce in un oltre.

La rosa si raggiunge superando le spine, i dolori!

Il suo nome viene da rodanos, flessibile, poichè ha uno stelo capace di flettersi senza spezzarsi, richiamo ad una visione ampia, ad ascolti diversi, ad inserimenti in realtà diverse, senza mai "spezzare" la profonda verità!

E' lo stesso simbolo adottato dagli architetti per i Rosoni delle Cattedrali, ovvero finestroni circolari con vari strati concentrici a forma di rosa!! Erano certamente presenti già nelle Basiliche paleocristiane, poi in quelle romaniche ed assunsero grandiose dimensioni nel gotico francese, come quello in Notre Dame che ha 13 metri di diametro.

Questo fiore per la sua forma è simbolo anche della necessità di inserimenti armonici del microcosmo umano nel macrocosmo.

La Rosa è per San Domenico anche la verginità, la cui perdita deve essere una profonda donazione consapevole anche del sè interiore.

E' un richiamo anche al colore rosa costituito dal rosso della passione fuso con il bianco della fede.

Anche la Mitologia narra che le rose bianche divennero rosa perchè unitesi al rosso passionale sangue di Afrodite innamorata, puntasi inseguendo il suo amore Adone!

Rosa è il primo colore che annuncia il nuovo giorno, è il colore dell'aurora, ma anche del tramonto sereno che annuncia la Rinascita di un bel nuovo diverso giorno! Ciclici come i petali della rosa anche questi rosei ritorni quotidiani!

Non si può essere religiosi e non osservare, rispettare, amare, conoscere i grandi messaggi della Natura, a cui la Religione stessa ci richiama!

**La Rosa della Verginità , opera di Giancarlo D'Ambrosio**

**In questa opera l'artista Giancarlo D'Ambrosio rappresenta la donna che lascia le primarie membra, come una crisalide, e diventa completa, farfalla, nel dono puro, per amore, della verginità. Si ritrova così a "volare" in un Eden dell'anima, in attesa del miracolo della maternità!!**

## MADONNA DEL GRANATO
## LA MELAGRANA SIMBOLO DI FERTILITA'

**I suoi tanti semi rappresentano contemporaneamente l'unione di tanti popoli e culture diverse!**

In varie località è praticato il culto della Madonna del granato. Si tramandano diversi racconti per la motivazione di questo culto, ma è evidente in realtà che ha una unica origine, quella eterna, al di là della storia, legata a quella religiosità dell'essere umano, microcosmo proiettato nel macrocosmo, che osserva la Natura che lo circonda e, dalle forme e dai colori, recepisce messaggi simbolici di valore.

La melagrana dai tanti semi è simbolo di fertilità ed alla Madonna del granato, ovvero della melagrana, si ricorre per chiedere fertilità.

Mentre i Romani ornavano di rametti di melograno le acconciature delle spose, in Asia veniva offerta melagrana spaccata mostrante i tanti semi per augurio, in India bevono succo di melagrana per combattere la sterilità!

In Campania il Santuario della Madonna del Granato si trova nel Comune di Capaccio, sul Monte Calpazio a 243 metri di altezza. R isalente al X secolo, l'edificio ha subito numerosi interventi ed un restauro nel 1708. Costituisce uno dei principali punti di riferimento di Capaccio Vecchia, il borgo medievale distrutto dalle armate di Federico II alla fine del XIII secolo e abbandonato dagli abitanti per sfuggire all'eccidio. Rifugiatisi sul Monte Calpazio, i cittadini diedero vita ad nuovo centro, detto, appunto Capaccio Nuova, usufruendo della presenza alle sue falde di sorgenti d'acqua. La facciata dell'antica Cattedrale richiama una fisionomia di architettura rurale. L'interno, a croce latina e con tre navate, custodisce un pregevole pulpito in marmo del '200, di gusto cosmatesco, sotto cui è stato recuperato un affresco tardo gotico raffigurante San Biagio in paramenti sacri.

E' possibile ammirare decorazioni, stucchi, sull'altare Maggiore vi è la statua raffigurante la Madonna del granato,-che ricorda nella melagrana (granato) l'iconografia di Hera (Giunone),- mentre, sul pavimento, una lastra tombale di epoca paleocristiana reca i segni simbolici del cristianesimo. L'interesse dell'antica Cattedrale di Santa Maria del Granato è dovuto sia alla sua splendida posizione sull'ampio golfo di Salerno, ma sopratutto alle antichissime origini di tale culto. Alcuni studiosi, infatti, sulla base di documenti e della tradizione, hanno affermato che nel Santuario vi si trasferì, in forme cristiane, il culto pagano di Hera, la moglie del dio Zeus: prima del tempio cristiano, dunque, nello stesso luogo sorgeva un tempio pagano dedicato a Giunone cui era sacro il melograno, per l"eterno significato simbolico!.

Nel 1836 il vescovo di Capaccio, Michele Barone, diede inizio alla costruzione di un edificio annesso al tempio per accogliere il clero perché seguisse con zelo il culto del Santuario.

L'**Heraion alla foce del Sele** o **tempio di Hera Argiva** era un antico santuario della Magna Grecia dedicato alla dea Era, situato in origine alla foce del fiume Sele, a circa 9km dalla città di Paestum, nell'odierno comune di Capaccio_Paestum.

Il santuario si trova ora a circa 1,5km dall'attuale linea di costa, a seguito dell'avanzamento di quest'ultima, rispetto all'antica collocazione, per il deposito dei sedimenti alluvionali portati dal fiume.

L'esistenza del santuario è testimoniata da fonti storiche che, per lungo tempo, sono rimaste prive di alcun riscontro nella realtà. Strabone colloca il santuario di *Hera Argiva* al confine settentrionale della Lucania, sulla sinistra idrografica del fiume Sele, si attribuisce la fondazione a Giasone durante la spedizione degli Argonauti. Lo stesso santuario viene collocato da Plinio il Vecchio sulla sponda opposta del fiume. Una simile imprecisione, consueta nell'opera dello scrittore latino, avrà l'effetto di offuscare il dato storico rendendone problematico il ritrovamento dei resti.

Il santuario fu fondato agli inizi del VI sec. A C. dai greci provenienti da Sibari e dedicato alla dea Hera Argiva, protettrice della fertilità.

Inizialmente vi si doveva svolgere un culto all'aperto, in un'area sacra dotata di un altare e delimitata da portici, destinati all'accoglienza dei pellegrini.

Alla fine del VI secolo si ebbe la costruzione di un grande tempio, probabilmente ottastilo (con otto colonne sulla facciata) e periptero. Insieme furono costruiti, davanti ad esso, a una certa distanza, due altari monumentali.

Dopo l'arrivo dei Lucani, alla fine del V sec a C, si ebbe uno sviluppo del santuario, con la costruzione di nuovi edifici che riutilizzarono i materiali di quelli più antichi: un nuovo portico e, accanto, un edificio per riunioni. Ad una certa distanza venne edificato inoltre un edificio quadrato in cui sono state rinvenuti numerosi pesi da telaio da cui si è dedotto che le fanciulle tessessero il peplo per la statua in loco della Dea con la melagrana.

Il santuario sopravvisse fino al II sec d C, in una progressiva decadenza, finché, anche a seguito all'impaludamento della zona, si perse gradualmente ogni forma di memoria della sua ubicazione.

Il culto legato alla melagrana sopravvive però nel culto cristiano con la "Madonna del Granato", della melagrana dai tanti semi!!.

**Nella Basilica Pontificia De Gulia di Castellabate(Cilento)** osserviamo in questo dipinto che Gesù porge quella che sembra una melagrana, simbolo di fertilità, di vita e di conoscenza. In questi luoghi, dove è stato possibile esprimersi con maggiore libertà, dove molto è stato custodito, si trova l"unione tra mito, storia, Genius Loci, quali tradizioni, attività, e religione come in queste opera.

# LA MADONNA DEL LATTE:
# PER TUTTI IL SUGGESTIVO PURO CIBO SPONTANEO
# CHE FA “CRESCERE”

**La Madonna del latte di Leonardo da Vinci**

**La Madonna del latte nell’iconografia classica mostra l’umanità del Divino che quale Gesù Bambino succhia il latte dal seno della Madre.**

La festa liturgica della **Madonna del Latte** è stabilita il 2 luglio.

La Vergine è spesso rappresentata a seno scoperto, colta nell'atto di allattare il figlio o in procinto di farlo, ma per questo culto in genere un singolo getto di latte o distinte gocce del medesimo scendono dal suo seno direttamente nella bocca di Gesù, di un Santo, di un alto prelato oppure di altri personaggi legati alla religione cristiana.

Maria è rappresentata come *Madre di Dio* e *patrona delle puerpere con* carattere intimo e materno ed esprime la natura umana insita in Cristo assieme a quella divina.

Il donarlo anche ad altre personaggi spesso rappresentati, è un mostrare la benevolenza della Vergine per costoro che ricevono sollievo dalle loro sofferenze grazie al latte che ella generosamente concede.

E' un effettuare una adozione, infondere energia, far crescere, non solo materialmente ma anche nella conoscenza, nella fede.

L'esoterismo islamico ne fa un simbolo di iniziazione.

Nella preghiera indiana, l'Aghihotra,  il latte è decantato, sin dalle origini dei Veda.

Le prime rappresentazioni iconografiche ufficiali della "Madonna del Latte" si ritrovano nell'Egitto ormai cristianizzato del VI o VII secolo dopo Cristo, essa è ritratta mentre allatta Gesù Bambino o in procinto di farlo.

Dall'Egitto ebbero poi ampia diffusione presso le chiese orientali nell'arte bizantina, con nome greco di *Galaktotrophousa*. Da qui si diffuse poi, nei secoli seguenti, anche in Occidente.

Nell'Europa occidentale con il culto si diffuse inoltre l'uso di custodire nelle chiese come reliquie ampolle contenenti il latte della Madonna (latte benedetto), cui si attribuivano gli effetti miracolosi di restituire il latte alle puerpere che lo avessero perso.

L'umanizzazione della Madonna e del bambino incontra il favore dei fedeli e la sacralizzazione dell'atto di allattare un bambino convince le donne ad identificarsi maggiormente coinvolgendole anche emotivamente. Il culto della Madonna del Latte si diffuse in tutta Europa e soprattutto nelle campagne dove i contadini videro una forte valenza simbolico-taumaturgica, attribuendole anche svariati miracoli.

**La MADONNA DEL LATTE**

**Interpretazione di Antonio Suriano 2017**

L'IMMAGINE REALIZZATA DA ANTONIO SURIANO RENDE LA MADONNA DONNA COME LE ALTRE MENTRE IL LATTE PROVIENE DIRETTAMENTE DAL CIELO, DONO SPIRITUALE PER TUTTI COLORO CHE VOGLIONO "RECEPIRLO".

Esprime quindi quale realtà divina il latte che sgorga dal seno di ogni mamma. Il bianco, puro alimento diviene dono vitale, misterioso che unisce il reale immanente al trascendente.

## MADONNA DELLA NEVE

## BIANCA ANCHE LA NEVE: UN EVENTO NATURALE SUGGESTIVO DAL CIELO ALLA TERRA E SIGNIFICATIVA PER IL SUO CANDORE

**Masolino da Panicale, *Miracolo della neve*, Museo di Capodimonte, Napoli**

**Madonna della Neve** è uno degli appellativi con cui la Chiesa cattolica venera Maria secondo il cosiddetto culto di iperdulia.

Il rito liturgico è fissato al 5 agosto, ma vi sono delle diversità di date in tale culto molto diffuso, ma sempre durante l'estate per il legame all'evento straordinario narrato che ne diede l'inizio.

Quella massa materica indurita dal gelo, che può rappresentare anche un gelo interiore, solo il calore del sole, può sciogliere in acqua purificatrice, come l'amore, la fede può sciogliere il gelo interiore.

Simbolico il candore della neve che richiama alla purificazione.

Il titolo di Madonna della Neve risale ai primi secoli della Chiesa ed è legata alla nascita della basilica di S. Maria Maggiore in Roma.

A Roma il 5 agosto nella patriarcale Basilica di Santa Maria Maggiore, il miracolo viene ricordato con una pioggia di petali di rosa bianca, cadenti dall'interno della cupola durante la solenne celebrazione liturgica.

Secondo quanto narrato da vari autori cristiani, Giovanni era un ricco patrizio che viveva a Roma. Durante la notte del 4 agosto 352 d.C. egli avrebbe visto in sogno la Vergine Maria che chiedeva di costruire una basilica nel luogo dove il mattino seguente avrebbe trovato della neve fresca. Giovanni, la mattina seguente, corse da papa Liberio per raccontargli quanto visto e il pontefice confessò di aver avuto la stessa visione. Il prodigio nel frattempo si era avverato e per ordine di Liberio si fece tracciare la pianta di una grandiosa basilica esattamente dove cadde la neve di agosto. Sempre secondo la storia, la basilica sarebbe stata finanziata dal patrizio stesso e prese il nome di basilica di Santa Maria della Neve (o Basilica Liberiana dal nome del Papa, popolarmente *ad Nives*).[]

Nei secoli seguenti la basilica ebbe vari interventi di restauro strutturale e artistico, fino a raggiungere nel 1750 le forme architettoniche che oggi ammiriamo.

Il culto sulla Madonna della Neve andò comunque sempre più confermandosi, tanto è vero che tra il XV e il XVIII secolo ci fu la massima diffusione delle chiese dedicate alla Madonna della Neve, con l'istaurarsi di tante celebrazioni locali che ancora oggi coinvolgono interi paesi e quartieri di città.

Il culto, come si è detto, ebbe grande diffusione: oggi in Italia si contano 152 edifici sacri fra chiese, santuari, basiliche minori ecc. intitolate alla Madonna della Neve. Ogni regione ne possiede una notevole quantità, in particolare concentrate su zone dove la neve non manca; le regioni che primeggiano sono: il Piemonte con 31, la Lombardia con 19, ma è esistente anche in Campania con 17. Nel Napoletano il culto e la celebrazione sono molto solenni, coinvolgendo le comunità di fedeli con manifestazioni esterne e folcloristiche.

A Santa Maria Colle Sambuco, frazione di Fiamignano (RI): dopo la processione in onore della Madonna, si richiama la "magia" dell'evento naturale con una piccola e caratteristica nevicata artificiale.

Sottolineando questo aspetto simbolico, a Grassano (MT) nei giorni celebrative di tale Madonna, successivi alla mietitura e immediatamente precedente al 15 di agosto, imbiancano le pareti delle case..

Il miracolo della neve in estate ed il consequenziale culto evidenzia la straordinarietà che può essere messa in atto da poteri divini..

In Sardegna la Madonna della Neve, fin dal XVI secolo, e forse anche da prima, è stata venerata anche come "Madonna delle Raccomandate", per la capacità di poter concedere straordinarietà positive

A Torre Annunziata (NA): la Madonna è, per forte contrasto, di colore nero. Tale Madonna della neve è nota anche per aver effettuato diversi miracoli, infatti si dice che abbia fermato un'eruzione durante il Novecento. Il 5 agosto, nel luogo in cui fu trovata dai pescatori la sacra effigie della Madonna, presso lo Scoglio di

Rovigliano (Petra Hercules), si svolge la tradizionale rievocazione storica del ritrovamento e della contesa con i pescatori di Castellammare di Stabia che ne rivendicavano la proprietà.

# Sant' ALDEMARO di Capua

## SPIRITUALITA' E SACRALITA' NEL CIBO

## MOZZARELLA PRODOTTO DAI TANTI SIMBOLI INVENTATO DA SAN ALDEMARO

## TRA RITI E MESSAGGI DAL MACROCOSMO AL MICROCOSMO

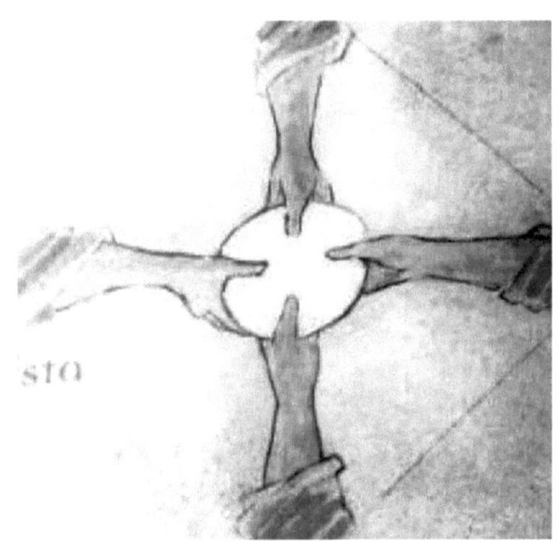

## DALLA SACRALITA' DEL LATTE ALLA LAVORAZIONE RITUALE PER LA MOZZARELLA

Sant' **Aldemaro di Capua** (o **Aldemario**), detto **il Saggio** (Capua, 985 – Bucchianico, 24 marzo 1070) è stato un religioso benedettino dell'abbazia di Montecassino, quindi abate di San Lorenzo in Capua, fondatore e riformatore di numerosi cenobi nell'Italia centro-meridionale; è venerato come santo dalla Chiesa cattolica che ne celebra la memoria liturgica il 24 marzo.

Nacque a Capua attorno al 985 da una famiglia modesta, adolescente, entrò come novizio tra i benedettini dell'abbazia di Montecassino, dove completò la sua formazione e prese i voti. Si guadagnò la fama di buon amministratore, tanto che la principessa longobarda di Capua lo richiese all'abate di Montecassino come Rettore del monastero di San Lorenzo, da lei fondato e dotato di un cospicuo patrimonio fondiario.

Qualche anno dopo, l'abate Aligerne di Montecassino gli affidò l'incarico di dirimere le controversie tra i monasteri della congregazione, i loro patroni ed i vescovi delle diocesi in cui erano inseriti: fu inviato prima a Bojano, poi all'abbazia di San Liberatore a Majella, dipendente da Montecassino ma la cui giurisdizione era rivendicata sia dal vescovo di Chieti che dall'abbazia di San Clemente a Casauria. Riuscì a risollevare le sorti di San Liberatore, che divenne vivaio per i futuri abati cassinesi (Enrico II nel 1020 tentò di imporre come abate di Montecassino Teobaldo di San Liberatore).

Viene invocato come **protettore contro la grandine.**

Grandine, chicchi bianchi provenienti dal cielo, quasi legati anche essi al latte!

Viene ricordato come **inventore della mozzarella, creata con riti sacrali**

Il mistero della mozzarella e degli altri prodotti di pasta filata già nasce dalla cura del "pastore" al pascolo degli animali che dovranno dare il latte per la loro produzione. Pastore, non a caso, è termine adoperato per indicare persone sagge, uomini di guida. Un pascolo a contatto con la Natura, in serenità e salute già è il primo passo per la produzione di buon latte. Sarà trasformato in sostanza solida avvalendosi della temperatura del corpo umano, cioè circa 37°, nella cagliata. Il latte è collegato al mistero della Via Lattea. Questo alimento, che quindi unisce la terra al cielo, fu caro al Benedettino San Aldemaro, che lo raccolse e lavorò e fece lavorare i Benedettini per formare questi prodotti che distribuiva anche durante le processioni. Fu il primo a realizzare i formaggi a pasta filata, nella sua regola che unisce lavoro e preghiera, consapevole della grande cultura astronomica dei Frati Benedettini,

La pasta filata non va nelle forme ma viene modellata a mano, vere sculture realizzate artigianalmente, in un'esaltazione del lavoro manuale tipica dei Benedettini!. Due monaci nell'azione manuale utilizzavano le quattro mani in particolare posizionate in modo da formare una croce.

Aldemaro, frate benedettino, era sfuggito nel 980, con altri monaci, dalla distruzione dell'abbazia di Montecassino e trovò rifugio nel monastero di San Lorenzo a Capua, eretto per volontà della principessa longobarda ALOARA, dove nacquero questi prodotti.

Ricordiamo che l'elemento primo, il latte, è simbolo del nutrimento spirituale, della conoscenza suprema.

## MADONNA DELL'OLMO

## ALBERO DALLA CORTECCIA E FOGLIE DEPURATIVE

### Per depurare l'anima

**Immagine della Madonna dell"Olmo di Cava de"Tirreni (Salerno)**

Dai tanti poteri salutari, il grande, forte albero che dà ombra e protegge, diviene simbolo di protezione anche sacra e conversione.

Come ha poteri depurativi per il corpo con la sua corteccia e le sue foglie (La corteccia di olmo era usata dai pellerossa per cicatrizzare le ferite) nell'immagine di tale Madonna invita al depurarsi dell"anima, ovvero alla purificazione spirituale.

In Europa, Teofrasto conferma l'uso dell'olmo già nel III secolo A.C., per le proprietà cicatrizzanti e lenitive in piaghe e malattie della pelle.

Plinio lo cita nella sua "Storia naturale" sempre come cicatrizzante delle ferite.

Nel Rinascimento il Mattioli riconferma molte proprietà del passato e afferma che il decotto di corteccia di radice è utile nelle contrazioni e convulsioni nervose.

Simbolicamente cicatrizza le ferite dell'anima!

Ricco di calcio, sostiene e dà forza! In un profondo inserimento nella Natura ed in sintonia con essa si chiede la forza spirituale!

Pur se con racconti vari il culto della Madonna dell'Olmo è praticato in vari luoghi, ancora una volta con sguardo attento alla Natura ed ai suoi messaggi simbolici di valore eterno ed universale, in ogni luogo, in ogni cultura!

In Campania a Cava de' Tirreni che sorge a ridosso del mar Tirreno, a 5 km nell'entroterra della Costiera Amalfitana, si trova la Basilica di Santa Maria dell'Olmo, molto venerata.

L'origine del culto alla Vergine risale all'XI secolo, si narra che fu ritrovato da alcuni pastori un quadro impigliato tra i rami di un frondoso olmo.

Trasportato nella chiesa di S. Cesareo o di Vetranto secondo alcuni, il quadro miracolosamente sarebbe ritornato sul luogo del ritrovamento. Questo secondo la tradizione, ma storicamente è accertata la presenza di un'edicola della Madonna da tempi più antichi. La prima data storica del Santuario risale al 1482 quando passò S. Francesco di Paola che pose la prima pietra del Santuario[.

Fu officiato fino al XIX secolo dai Padri minimi, successivamente dai Padri dell'Oratorio di San Filippo Neri. Dal 1672 la Madonna dell'Olmo è dichiarata Patrona della Città e precisamente dalle Delibere comunali si apprende che il 21 maggio 1672 il Governo della Città stabilì di prendere “per particolare Protettrice la Gloriosa Vergine Madre di Dio sotto il titolo di Santa Maria dell'Olmo”; dal 1931 il Santuario è dichiarato Basilica Minore.

L'altare è abbellito da quattro statue di Francesco Jerace raffiguranti S. Adiutore, S. Alferio, S. Francesco di Paola e S. Filippo Neri ai piedi di un olmo di bronzo nel cui fogliame è incastonato il quadro della Vergine.

## SAN BENEDETTO

**Per la sua regola San Benedetto si ispirò ai Monaci Orientali Basiliani, sembra quindi proporre, con grande attualità, un'unione tra Occidente ed Oriente.**

**DALLA GROTTA ALLA MONTAGNA**

**DAL BUIO PER LA "LUCE" INTERIORE ALLA MONTAGNA PER LA LUCE "SUPERIORE"**

**DALL"ORTICA IRRITANTE ALLA SOAVE ROSA**

**IMPARARE L'USO DEI SENSI**

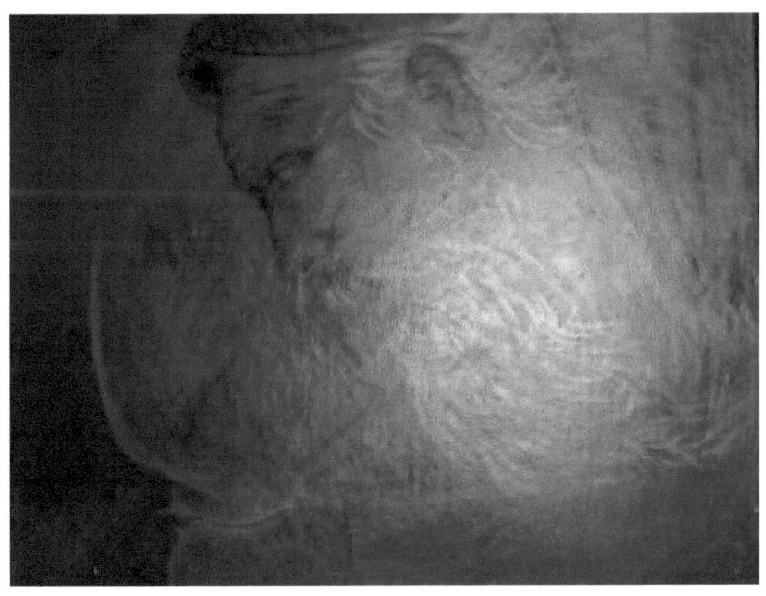

**Opera di Lavinio Sceral**

La Grotta non è solo il simbolo del luogo della Nascita di Gesù, ma richiama anche ad una scelta di vita di vari Santi, come quella di San Benedetto.

E' una grotta che San Benedetto scelse per ritirarsi a vivere nell'isolamento, nel luogo di concentrazione delle energie

Luogo suggestivo, misterioso, cupo,  dagli opposti simboli, inconscio da scrutare, rifugio di "mostri", di problematiche rinnegate, è anche luogo dove ritrovare il mistero della vita propria e del senso generale del vivere, per poi riuscire alla "luce" con nuova consapevolezza!!!

E' l'oscuro luogo del male incomprensibile che dilaga nel mondo, delitti, ingiustizie, inganni, violenze, in cui sono tanti imprigionati , richiamo alla caverna di Platone, dove invocare il Divino perchè si trovi l'uscita alla "luce".

Si augura a tutti di uscire dalla caverna prigione delle proprie passioni negative, delle proprie paure, come la definisce anche Pitagora, per poter ritrovare quella "luce" metafisica che dona gioia ed equilibrio.

La grotta evidenzia il contrasto buio_ luce,

Gesù nacque nella Grotta ed in una Grotta fu seppellito da cui risorse, la grotta è luogo di nascita e di rinascita!

Nati dal buio della grotta, dall'utero materno, dobbiamo rinascere con necessaria consapevolezza tuffandoci nella buia grotta del nostro inconscio, del luogo delle nostre frustrazioni, paure, problematiche irrisolte, per trovare la "luce" della profonda consapevolezza, della serenità, dei migliori sentimenti.

A Subiaco, nella grotta Benedetto scelse di meditare per tre anni, sovrastato dalla roccia.

Letta la vita del Santo scritta da San Gregorio Magno ed altro, sempre più sono stata affascinata dal linguaggio simbolico della sua scelta e dei suoi miracoli, che diviene interessante linguaggio universale, al di là del tempo e dello spazio.

Ho captato anche l'attualità dell'insegnamento che richiama alla meditazione, alla concentrazione, la cui capacità l'uomo perde sempre di più, per poi raggiungere la fermezza, la stabilità della roccia, quindi da questa trovare la possibilità del volo verso l'alto, per un'accoglienza nel trascendente.

Contemporaneamente, anche per la società attuale, trovo interessante il richiamo benedettino che dai citati elementi naturali si allarga con un invito all'Agricoltura, ed agli altri lavori manuali, all"artigianato di ogni tipo, troppo spesso poco considerati, sempre più soppiantati dalla tecnologia, al lavoro manuale come realizzazione gioiosa.

**San Benedetto : il Miracolo dei Nodi**

**Opera di Ferdinando Lignano**

San Benedetto **richiama anche ad un giusto e profondo uso dei sensi e dei suoi organi**, la principale comunicazione degli umani con l'esterno!

Importante l'**udito** per saper ascoltare i bisogni e le richieste altrui. "**ASCOLTA" è la** parola con la quale inizia la regola Benedettina.

Richiama alla **vista** per occhi "capaci di vedere", ricordo gli occhi di Benedetto capaci di vedere in luoghi e tempi distanti, di profetizzare, di "sciogliere i nodi" (opera di F. Lignano), ovvero le problematiche, ma anche invito a tutti ad osservare la profondità del reale.

Forte il richiamo alla **bocca ed alla lingua,** da non usare nel pettegolezzo, nella superficialità della parola, nell'ingiuria, nella diffusione della maldicenza ( *"Se vuoi avere la vita, quella vera ed eterna, guarda la tua lingua dal male e le tue labbra dalla menzogna"*B.).

Santo della Cultura, **il primo libro stampato in Italia lo si deve ai Benedettini.**

Diffuse in particolare la coltivazione dell'**ULIVO,** e della **VITE**, piante anche di valore simbolico.

Dell'ulivo abbiamo scritto, la vite, il cui nome già ne suggerisce l'importanza, dalle significative foglie palmate ai grappoli che insegnano l'aggregazione, al suo succo, sangue della terra, fa parte della liturgia della Messa, comunica con una sequenza di simboli.

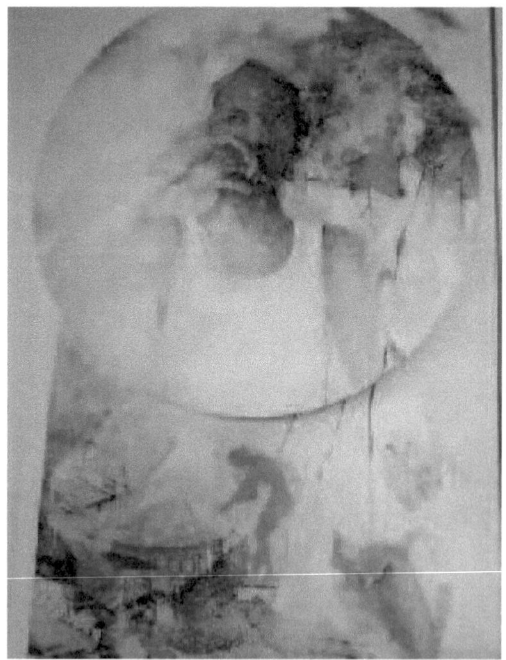

**San Benedetto - i Miracoli : la nutrice ed il vaglio frantumato**

**Opera di Michele Giglio**

Ricordiamo il **MIRACOLO** della frantumazione del recipiente di vetro contenente vino avvelenato, e quello del ricomposto vaglio, setaccio, fatto in pezzi dalla nutrice, sempre di fondamentale importanza simbolica, quale invito a “setacciare” il bene dal male.

Non manca il richiamo simbolico di due piante, l’ortica irritante e la rosa sublime, nella **tentazione vinta del peccato carnale** subita da Benedetto, l’ortica, che l’aiutò a superarla, diventa la rosa della spiritualità, innestata poi da San Francesco in quel luogo

## SANTO AMATO RONCONI

## LA SUA CONCHIGLIA: DAL MARE IL SIMBOLO DI CONVERSIONE DEL MALE IN BENE:

la perla, minerale che l'ostrica secerne nella conchiglia per guarire una sua ferita

**Murale Artistico realizzato da Mauro Trotta Ideazione e Direzione Artistica Marisa Russo**

Santo Amato Ronconi, nato a Saludecio (Rimini) l'8 maggio del 1226, venerato dal popolo per secoli ancor prima di essere dichiarato Beato nel 1776, è stato canonizzato primo Santo della provincia di Rimini, il 23 novembre 2014, da Papa Francesco.

Affascina l'importanza attuale del richiamo alla vegetazione effettuato, con diversi miracoli, da questo Santo Pellegrino e Contadino.

La sua vita ed i suoi miracoli sono stati da me studiati, ed anche evidenziati in un Progetto di dipinto Murale,.con grande interesse ed emozione.

Un grande arco sovrasta il dipinto per inserirsi nell'architettura dell'edificio, ma è soprattutto un richiamo agli archi della concentrazione delle energie cari ai Benedettini, quale fu Amato Ronconi; alla grotta scelta da San Benedetto.

Evidenziata quindi una grande conchiglia che accoglie il Santo, non solo simbolo del pellegrino, quale egli fu, ma di maternità, del grande suo culto alla Madre Celeste, alla Vergine Maria, egli ne è "perla" sempre impegnato a convertire il male in bene, come si forma la perla, minerale che l'ostrica secerne nella conchiglia per guarire una sua ferita.

Tanti i simboli che nel dipinto esprimono concetti importanti, ricordiamo anche il suo rosario, inventato da San Domenico come serto di rose da offrire alla Madonna, che pende dal suo cordone, dipinto con piccole rose arancio, come quelle che spontaneamente crescono ai piedi di questo murale tutto l'anno, anche sotto la neve.

Si narra che un suo miracolo fu poggiare la sua mantella su un raggio di sole, che lo resse! Altro miracolo, riuscì ad attraversare un corso d'acqua, poggiando su di essa la sua mantella.

E' un evidenziare che tutto è energia, che il pensiero, il credrerci determina una realtà! Dopo secoli la fisica quantistica si avvicina a questi concetti espressi con la solo fede!

Richiesto dall'Opera Pia dell'Hospitale Amato Ronconi, già sua casa natia, dall'ex Presidente Luigi Calesini, il Progetto per il gran dipinto Murale sintetizza i suoi miracoli più significativi e difficilmente comprensibili, con bozzetto approvato con delibera dal Comune di Saludecio proprietario dell'edificio storico, e poi dalla Sovrintendenza ai Beni Culturali ed Ambientali.

La pittura murale eseguita per strada tra mille difficoltà è la forma più umile di Arte, quindi più idonea ad esprimere questo Santo. Sulla facciata esterna dello storico edificio dedicato all'ospitalità, l'opera, non chiusa in un Museo, in una Chiesa o in una casa, è disponibile ad ogni ora del giorno e della notte all'osservazione ed alla meditazione di tutti.

Consegnata ufficialmente ai cittadini all'inizio delle celebrazioni per il Santo, il 7 maggio 2015, l'opera da me progettata è stata eseguita con capacità espressiva che culmina nel volto ieratico del Santo ed equilibrio cromatico, tra luci ed ombre, dal valente **artista Mauro Trotta.**

## SANTA LUCIA CON LA SPIGA DI GRANO FECONDATRICE E GLI OCCHI PER SAPER “GUARDARE”

## IN UNA UGUAGLIANZA DELLE FORME DEI SEMI E DEGLI OCCHI

## “DALLA SACRALITA’ DEL QUOTIDIANO AL TRASCENDENTE”

**Santa Lucia abbraccia la spiga di grano, dai semi che fecondano la terra, per cibare materialmente gli esseri umani, ai simbolici “semi” della fede da sviluppare per l’appagamento della spiritualità.**

Due volte si narra che Santa Lucia fece miracoli in tempo di carestia per salvare le popolazioni, con sviluppo di abbondante grano.

Il simbolo del chicco di grano è anche citato da San Giovanni:

Il grano richiama alla sacralità del suo valore simbolico spesso richiamato nel Vangelo..

Protettrice della vista, al di là della storia, con quegli occhi, che tiene in un piatto tra le mani, dalla forma simile ai semi, invita a saper guardare, oltre il vedere, a saper usare, "seminare" lo sguardo!

Si vede istintivamente per il dono del senso della vista, ma osservando, sapendo ben vedere, riusciamo a "guardare" la realtà....ed oltre la realtà materiale!

Ricordiamo il simbolo del terzo occhio di Shiva, che vede la luce spirituale!

Gli occhi simboleggiano l'unione delle percezioni esterne, che vanno oltre la visione propiamente detta!

perdere gli occhi indica anche il rischio dell'accecarsi negli istinti, nelle passioni negative.

Gli occhi sono simboli complessi molto presenti anche nell'islam, che vanno ben oltre l'organo della vista comunemente detta!

Privo di ogni fondamento e assente nelle molteplici narrazioni e tradizioni, almeno fino al secolo XV, è l'episodio in cui Lucia si strappa - o le vengono cavati - gli occhi. L'emblema degli occhi sulla coppa, o sul piatto, sarebbe da ricollegarsi, semplicemente, con la devozione popolare che l'ha sempre invocata protettrice della vista a motivo del suo nome Lucia (da *Lux*, luce), ed inoltre con "sguardo" più profondo per un invito a saper ben "guardare"!.

**Santa Lucia** (Siracusa, 283 – Siracusa, 13 dicembre 304) è stata una martire cristiana, morta durante le persecuzioni di Diocleziano a Siracusa; **è venerata come santa sia dalla Chiesa cattolica che dalla Chiesa ortodossa.**

La sua festa liturgica ricorre il 13 dicembre; antecedentemente all'introduzione del calendario gregoriano (1582), la festa cadeva in prossimità del solstizio d'inverno (da cui il detto "santa Lucia il giorno più corto che ci sia"), ma non coincise più con l'adozione del nuovo calendario (differenza di 10 giorni).

La celebrazione della festa in un giorno vicino al solstizio d'inverno è un voler evidenziare l'arrivo di giorni luminosi più lunghi per la Santa della "Luce".

La figura di Santa Lucia, nel corso dei secoli, è stata fonte di ispirazione non soltanto sul piano strettamente religioso e teologico, ma anche artistico, e soprattutto letterario. Essa ha trovato spazi sia nella letteratura colta che in quella legata alla tradizione popolare di questo o quell'ambiente in cui si è, in varia misura, radicato il culto verso la martire siracusana.

**Evidenzia i suoi messaggi simbolici anche Dante.** Santa Lucia, nelle tre cantiche, diventa il simbolo di Luce, della "grazia illuminante", per la sua adesione al Vangelo sino al sacrificio di sé, dunque "via", strumento per la salvezza eterna di ogni uomo.

Nell'ambito della tradizione letteraria propriamente detta, la figura della santa ispirò infatti Dante Alighieri. Il poeta nel *Convivio* afferma di aver subìto in gioventù una lunga e pericolosa alterazione agli occhi a causa delle prolungate letture (*Convivio*, III-IX, 15), ottenendo poi guarigione per intercessione della santa siracusana. Gratitudine, speranza e ammirazione indussero quindi il sommo poeta ad attribuirle un ruolo fondamentale non soltanto nella sua vicenda personale, ma anche, allegoricamente e simbolicamente, in quella dell'umanità intera nel suo viaggio oltremondano descritto nella Divina Commedia.

Questa interpretazione religiosa della personalità storica della vergine siracusana, quale santa che illumina il cammino dell'uomo nella comprensione del Vangelo e nella fede in Cristo, risale già ai primi secoli della diffusione del suo culto. Così, infatti, l'hanno esaltata, promuovendone la devozione, papa Gregorio I, Giovanni Damasceno, Aldelmo di Malmesbury e tanti altri.

**Nei vari riti religiosi per festeggiare questa santa ritornano i simboli della "luce", ma anche il legame della forma degli occhi e dei semi, rappresentati con nocciole o fave, grano o cereali celebrando nel periodo estivo..**

A Capracotta Santa Lucia è una delle figure più care della devozione cristiana, la prima statua della santa era collocata nella chiesa di Sant'Antonio. L'attuale cappella, la cui costruzione è terminata nel 1950, è situata alle falde del Monte Campo, a pochi chilometri da Capracotta.

Per completare la cappella tutto il popolo collaborò, vendendo il raccolto di grano, col cui ricavato fu terminata l'opera nel 1950. La statua di Santa Lucia fu donata nel 1952 e in quell'anno fu organizzata una grande festa. Oggi la festa di santa Lucia si festeggia la terza domenica di agosto ed è preceduta da un triduo in onore alla Santa. I festeggiamenti si aprono con la **distribuzione del *grano cotto* benedetto, simbolo di abbondanza e di pace**, dopodiché, la sera del sabato, la statua della santa viene prelevata dalla Cappella e portata in processione alla chiesa madre di Capracotta. In occasione della festa di Santa Lucia del 2015, tenutasi nei giorni dal 20 al 23 agosto, sono giunte a Capracotta, provenienti da Siracusa, anche le Reliquie della santa. Le Reliquie sono state esposte alla Chiesa madre di Capracotta e hanno sfilato in processione, insieme alla statua di Santa Lucia, per le vie del paese.

A Castelbuono (PA), sulle Madonie, la santa è festeggiata due volte l'anno; l'ultima domenica di settembre ricorre la festa di santa Lucia di Campagna, che si svolge in una chiesetta fuori paese ed **è consuetudine preparare sin dalla sera prima la tradizionale cuccia ("zuppa" di cereali) che sarà poi benedetta e distribuita a tutti i presenti**; questa festa nacque dopo il ritrovamento del quadro sottoterra e la successiva edificazione della chiesa ad opera dello stesso contadino che lo ritrovò. Ancora oggi il quadro si ritiene miracoloso. Il 13 dicembre, invece, è la congregazione a festeggiare la santa nella chiesa del Rosario. Anche in questa occasione si distribuisce la cuccia e la gente usa non mangiare pane o pasta per tutta la giornata. cibi tipici sono le arancine e le panelle. La santa è invocata contro le malattie degli occhi in particolar modo "l'ugghialoru".

A Città di Castello, nell'Umbria settentrionale, è **celebrata in particolare come protettrice dei mezzi agricoli con cui seminare il grano**!

Santa Lucia non esercita nessuna funzione patronale, ma la devozione è molto diffusa e ancora oggi assai popolare. La chiesa intitolata alla santa si trova nel quartiere San Giacomo, nella parte nord del centro storico cittadino. Antica chiesa parrocchiale, nel XV secolo passò a una comunità di Clarisse, che nel secolo successivo si trasferì presso la non lontana chiesa di San Giacomo. Attualmente è inglobata nel complesso della casa madre delle suore Piccole Ancelle del Sacro Cuore, alle quali venne affidata nel 1930. **la devozione si è sviluppata a motivo del sorgere di numerose aziende meccaniche, operanti specialmente nel settore della costruzione di macchinari agricoli, le cui maestranze riconoscono santa Lucia come loro patrona**.

Massaquano è una frazione del comune di Vico Equense (Napoli). La festa della santa è molto sentita i festeggiamenti iniziano con il caratteristico e plurisecolare **lancio delle nocciole dal tetto della Cappella di Santa Lucia.** Ogni anno il 12 dicembre, vigilia della festa, alle 15.30 si tiene il tradizionale lancio delle nocciole, precedentemente benedette, **adottate a simbolo delle pupille degli occhi,** dal tetto della chiesina. Questa tradizione è antichissima come lo è la cappella: anno 1385: tutta affrescata da un allievo di Giotto. Un'altra caratteristica anch'essa rimasta inalterata nei secoli è quella di vedere arrivare i fedeli recando una bottiglia d'olio per accendere la lampada che arde perennemente, simbolo di luce, ricevendo in cambio un'immagine della santa e un sacchetto di **nocciole benedette, legame con i semi**. Le sante messe iniziano alle 6.00 fino alle 12.00. A sera dopo la messa solenne e panegirico c'è il bacio della reliquia.

A Palermo il 13 dicembre si commemora la fine della carestia del 1646 quando, proprio il giorno di S. Lucia, arrivò in porto un bastimento carico di cereali. Da allora, per commemorare questo miracolo attribuito alla Santa, in questo giorno a Palermo non si mangiano farinacei (principalmente pasta e pane). In questa occasione nelle case palermitane si preparano le classiche arancine, la cuccìa (grano bollito accompagnato da ricotta e cioccolato) e le panelle.[I]

San Marco in Lamis (FG). Presso la chiesa di Santa Maria delle Grazie si svolge la festa di santa Lucia, preceduta da un triduo eucaristico. Il 13 durante le messe vengono **distribuite le tipiche fave benedette a devozione della santa**. Dopo la messa serale vi è il bacio della reliquia.

Riunisce tale Santa, con tali simboli, in culti di varie chiese.

**In Svezia, Lucia è molto venerata, sia dalla chiesa cattolica, che da quella luterana.**

I bambini preparano biscotti e dolciumi (tra questi, delle focaccine allo zafferano e all'uvetta chiamate lussekatter) a partire dal 12 dicembre. La mattina del 13, la figlia maggiore della famiglia si alza ancor prima dell'alba e si veste con un lungo abito bianco legato in vita da una cintura rossa; la testa è ornata da una corona di foglie e da sette candele utili per vedere chiaramente nel buio. Le sorelle, che indossano una camicia bianca, simboleggiano le stelle. I maschi indossano cappelli di paglia e portano lunghi bastoni decorati con stelline. La bambina vestita come santa Lucia sveglia gli altri membri della famiglia e serve loro i biscotti cucinati il giorno precedente.

Nel paese scandinavo è diffusa una tradizionale canzone di santa Lucia (*Luciasången*) che non è altro che la celebre "Santa Lucia" napoletana adattata con un testo in lingua svedese. In diverse città alcune bambine sfilano vestite come santa Lucia intonando il *Luciasången* di casa in casa.

Ogni anno viene eletta la Lucia di Svezia che raggiungerà la città siciliana di Siracusa per partecipare alla processione dell'ottava, in cui il simulacro di santa Lucia viene ricondotto in Duomo.

Santa Lucia viene festeggiata anche in altre nazioni, tra cui Argentina, Austria, Brasile (Quiririm), Danimarca, Finlandia, Repubblica Ceca, Slovacchia, Saint Lucia, Spagna (Tolosa), Malta (Santa Lucija Gozo).

## SANTA ELISABETTA D’UNGHERIA

## DAL GRANO AL PANE

## LA SACRALITA DELLA MENSA E L’INVITO ALLA CARITA”

**Venerata dalla Chiesa Cattolica, dagli Anglicani, dai Luterani e dai Veterocattolici,**

**E’ di grande importanza attuale per invitare alla carità**

**Rappresenta la Chiesa che richiama ai bisogni del corpo e dell'anima, in una universale fratellanza, al di là di ogni differenza di razza, di cultura, di stato sociale.**

**Elisabetta d'Ungheria**, o **di Turingia** (Sárospatak, 1207 – Marburgo, 17 novembre 1231), fu principessa ungherese, langravia di Turingia in virtù del suo matrimonio con Ludovico IV e legata a Federico II di Svevia da lontani vincoli di parentela. Rimasta vedova, entrò nel Terz'Ordine Francescano dedicandosi a varie opere di carità. È stata proclamata santa da papa Gregorio IX nel 1235.

Figlia di Andrea II *il Gerosolimitano*, re di Ungheria, Galizia e Lodomiria, e della sua prima moglie Gertrude di Merania, nel 1211 venne promessa in sposa al primogenito del langravio di Turingia Ermanno I, per suggellare l'alleanza delle due dinastie nella lotta contro l'imperatore Ottone IV: venne inviata a Wartburg, presso la corte di Turingia, dove venne educata dalla futura suocera, Sofia di Baviera.

Essendo morto nel 1213 Ermanno, il promesso sposo, nel 1221 si unì in matrimonio a suo fratello minore Ludovico IV, detto *il Santo*, che aveva ereditato i domini del padre nel 1217. Dal loro matrimonio nacquero tre figli: Ermanno, Sofia (poi moglie di Enrico II di Brabante) e Gertrude, che divenne badessa del monastero premostratense di Altenberg.

L'11 settembre del 1227 Ludovico IV morì ad Otranto, mentre aspettava per imbarcarsi con Federico II, suo cugino, alla volta della Terra Santa, dove doveva partecipare alla sesta crociata.

La vedova, già molto attiva nelle opere di carità, si pose sotto la direzione spirituale del teologo Corrado di Marburgo: entrò nel Terz'Ordine francescano e si ritirò nell'ospedale che aveva fatto erigere nel 1228 a Marburgo, dove si dedicò alla cura dei malati fino alla morte.

Venne proclamata santa a Perugia da papa Gregorio IX il 27 maggio 1235 (festa della Pentecoste): la memoria liturgica della santa, originariamente fissata al 19 novembre, fu spostata nel 1969 al 17 novembre, suo *dies natalis*. In Ungheria e nell'area germanofona (Germania, Austria, Svizzera tedesca e Alto Adige) però la sua festa continua ad essere celebrata il 19 novembre.

È patrona dei panettieri e degli ospedalieri (secondo la tradizione, ha trasformato in rose i pani che aveva nascosto per i poveri e gli ammalati) ed è, con san Luigi dei Francesi, patrona principale del Terzo Ordine Regolare di San Francesco e dell'Ordine Francescano Secolare "S.Elisabetta d'Ungheria".

A sant'Elisabetta sono intitolate numerose comunità di terziarie francescane dedite alla cura degli ammalati presso gli ospedali sull'esempio della santa ungherese. Tra le principali, le terziarie francescane elisabettine, le suore francescane elisabettine e le suore terziarie francescane elisabettine.

## "LIEVITAZIONE/ELEVAZIONE"

## DALLA DIVISIONE DEL PANE DELL'ULTIMA CENA ALL'OSTIA

## DALL'ALIMENTO PER IL CORPO A QUELLO PER L'ANIMA

**Ostia offerta da Gesù Risorto , opera di Vittoria Donadio**

Già l'uso del lievito per il pane quotidiano indica un'elevazione, un innalzarsi della materia, un espandersi. L'ostia che lo rappresenta, ricordando la divisione del pane offerto nell'ultima cena da Gesù agli apostoli, pur se priva di materiale lievito, ne richiama il simbolo, diviene elevazione, ricerca di spazio appagante, superando sofferenze e costrizioni esistenziali nella fede.

Pane nutrimento essenziale per il corpo, pane ostia nutrimento essenziale per l'anima.

Betlemme, etimologicamente "Casa del Pane".

*"il Pane che io darò è la mia carne per la vita del mondo" (Gv 6,35.41.51),*

I pani delle offerte degli Ebrei, il pane azzimo ha uguale significato.

**SANT'ANTONIO**

**CON IL BIANCO GIGLIO DI ERETTA PUREZZA**

**PUREZZA ANCHE NEL PARLARE**

**DIFFONDENDO VERI VALORI**

**Grafica di Elena Vilkov**

Il Giglio, dal suo intenso profumo, con il pistillo eretto e l'esplosione dei bianchi petali è simbolo d'amore sublimato, tentazione superata nel candore della fede. Rappresenta anche la Provvidenza che fa nascere ed esplodere questi fiori anche spontaneamente-

Scrive San Matteo:

*"Osservate come crescono i gigli del campo, non lavorano e non filano(6,28)"*

Il GIGLIO di Sant'Antonio esprime anche la purezza che predicava, predicava la modestia, la povertà, IL CANDORE della verità!

*«La natura ci genera poveri, nudi si viene al mondo, nudi si muore-affermava-. È stata la malizia che ha creato i ricchi, e chi brama diventare ricco inciampa nella trappola tesa dal demonio.»*

*« La verità genera odio; per questo alcuni, per non incorrere nell'odio degli ascoltatori, velano la bocca con il manto del silenzio. Se predicassero la verità, come verità stessa esige e la divina Scrittura apertamente impone, essi incorrerebbero nell'odio delle persone mondane, che finirebbero per estrometterli dai loro ambienti. Ma siccome camminano secondo la mentalità dei mondani, temono di scandalizzarli, mentre non si deve mai venir meno alla verità, neppure a costo di scandalo »*

Riguardo alla sua oratoria e al suo approccio umano, un cronista dell'epoca, il francese Giovanni Rigauldt, dice che

*« gli uomini di lettere ammiravano in lui l'acutezza dell'ingegno e la bella eloquenza (…) Calibrava il suo dire a seconda delle persone, così che l'errante abbandonava la strada sbagliata, il peccatore si sentiva pentito e mutato, il buono era stimolato a migliorare, nessuno, insomma, si allontanava malcontento. »*

Antonio predicò in favore dei poveri e delle vittime dell'usura:

> « *Razza maledetta, sono cresciuti forti e innumerevoli sulla terra, e hanno denti di leone. L'usuraio non rispetta né il Signore, né gli uomini; ha i denti sempre in moto, intento a rapinare, maciullare e inghiottire i beni dei poveri, degli orfani e delle vedove... E guarda che mani osano fare elemosina, mani grondanti del sangue dei poveri. Vi sono usurai che esercitano la loro professione di nascosto; altri apertamente, ma non in grande stile, onde sembrare misericordiosi; altri, infine, perfidi, disperati, lo sono apertissimamente e fanno il loro mestiere alla luce del sole.* »

Il linguaggio della sua predicazione, che in buona parte ci è stata tramandata, era semplice e diretto:

Quasi a dimostrare la potenza misteriosa dei simboli, si tramanda **che, durante l'ispezione prima del trasporto dei resti mortali, sarebbe stata rinvenuta la lingua *intatta e rosea come fosse viva*. Ogni anno, ancora oggi, i frati Antoniani di Padova ricordano quel ritrovamento.**

Si ricorda il miracolo del mulo che, nonostante il digiuno, trascurò la biada per inginocchiarsi di fronte al Santissimo Sacramento, miracolo che si verificò a Rimini nel 1223.

Antonio si trovava probabilmente a Rimini dove era una forte comunità catara. In risposta al disprezzo ricevuto per la sua predicazione, si rivolse ai pesci che, miracolosamente, si affollarono verso di lui come per ascoltarlo

Divenne però un grande predicatore che univa la grande preparazione alla capacità di comunicarla con semplicità.

**Alcune reliquie, data la straordinarietà della loro conservazione, sono state isolate ed oggi sono esposte alla venerazione dei fedeli nella Cappella delle Reliquie. Si tratta, in particolare:**

- **della *lingua*, ritrovata incorrotta da san Bonaventura nella prima ricognizione del 1263;**
- **e delle *corde vocali*, individuate ancora incorrotte nella cassa del 1263, nella ricognizione del 1982 dai medici dell'Università di Padova.**

**Questi resti, particolarmente e inspiegabilmente ben conservati, sono custoditi in preziosi reliquiari.**

**Una insigne Reliquia del Santo è custodita, dal febbraio 1995, presso la Basilica-Santuario di Afragola (NA), il secondo luogo di culto (per importanza) in Italia dedicato al Santo. Donando la Reliquia della massa muscolare toracica (di circa 6 cm) i Frati Conventuali di Padova hanno confermato al luogo il titolo puramente onorifico di "Padova del Sud".**

Molto significativo è il "pellegrinaggio delle Reliquie" del Santo, che i Frati della Basilica di Padova si impegnano a svolgere in Italia e in molti paesi del mondo, per consentire ai numerosissimi devoti e figli spirituali di sant'Antonio di poterlo incontrare con maggiore intensità anche nell'impossibilità di recarsi a Padova per venerare il suo corpo e la lingua incorrotta. In queste "missioni antoniane" generalmente un frate della Basilica accompagna una consistente reliquia, tratta dalla cosiddetta *massa corporis* e custodita in un artistico busto-reliquiario di legno dorato, che rappresenta il Santo portoghese.

**Sant'Antonio di Padova è festeggiato dalla Chiesa Cattolica il 13 giugno; è patrono del Portogallo, del Brasile e della Custodia di Terra Santa.**

È inoltre patrono di numerose città:

# SAN COSTABILE GENTILCORE

## PROTETTORE DI CASTELLABATE (SA)

## CON IL GIGLIO DI MARE PUREZZA E RICHIAMO ALLA DIFESA DELLA NATURA

**Costabile Gentilcore unico Santo del Cilento, nato nella zona Tresino di Castellabate (SA), usava raccogliere sulla vicina spiaggia i Gigli di mare (Pancratium Maritimum) per portarli alla effigie della Madonna.**

**Ora questi fiori in estinzione sono specie protetta del Parco Nazionale Cilento, Vallo di Diano ed Alburni. Il Santo semplice, che con idee creative ed umili più volte salvò il paese, sembra richiamare, da questo Parco protetto dall"Unesco, alla salvezza generale della Natura, del suo fragile equilibrio.**

Si ricorda come per far fuggire degli invasori che venivano dal mare, fece attaccare delle fiaccole ad ogni pecora facendole incamminare dalla collina verso la costa. Credendole persone così numerose gli assalitori infatti desistettero dall' assalto e fecero marcia indietro!

**Opera di Elena Vilkov**

Questo dipinto ricorda l'espediente che salvò il paese affacciato sul mare che trasporta i semi di quel giglio di mare tanto dal Santo amato e sua icona, è un inno alla vita in tutte le sue forme, umana, animale e vegetale, in una armonia e solidarietà proficua..

Nato a Tresino,intorno al 1069 – 1070 e morto a Cava de' Tirreni il 17 febbraio 1124 è ricordato come IV abate della Badia di Cava ed è venerato come santo dalla Chiesa cattolica.

Ancora adolescente entrò nel monastero benedettino della SS. Trinità di Cava e la sua educazione e formazione spirituale fu affidata a san Leone. Dal gennaio del 1119 con il titolo di *Abbas constitutus* affiancò, nella guida dell'abbazia di Cava, san Pietro Pappacarbone che, nell'ottobre del 1122, gli consegnò il pastorale nominandolo suo successore.

Il governo abbaziale fu breve per Costabile che non poté fare molte cose.

**Con l'autorizzazione del duca Guglielmo, il 10 ottobre 1123 diede inizio nel Cilento alla costruzione del castello dell'Angelo detto *Castrum Abatis* da cui il nome del paese, Castellabate**, per la difesa delle popolazioni locali dalle incursioni dei saraceni africani che, nel 1113, avevano devastato e depredato il territorio cilentano.

Dopo la sua morte, i lavori di fortificazione furono continuati dal suo successore, il beato benedettino Simeone.

Costabile durante il suo breve periodo abbaziale, di carattere mite ed umile, preferì guidare i suoi monaci con l'esempio e la dolcezza, tanto che gli fu attribuito l'affettuoso titolo di *operimentum fratruum* e quando morì, era già oggetto di culto popolare sulla base dei miracoli che gli furono attribuiti.

Successivamente la salma di Costabile fu traslata dinanzi alla grotta di Sant'Alferio, quando all'abate Simeone fu riferita l'avventura del monaco Giovanni, nocchiere della nave del monastero, in pericolo di affondare nel canale di Sicilia.

Spossato dalla stanchezza, il monaco Giovanni si era addormentato quando gli comparve in sogno Costabile che. avvisandolo dell'imminente pericolo, gli disse "Ego navem eripio et monasterium meum custodire non cesso".

Nel 1648 il sepolcro di san Costabile fu arretrato dall'originaria posizione per collocarlo al di sotto dell'altare del SS. Sacramento, dove riposa tuttora

Grande il suo culto. Una statua di bronzo, all' entrata del castello che lui iniziò a costruire, guardando il panorama esaltante della costa, è posta a protezione dell'habitat.

*SANT'ANTONIO ABATE IL SANTO ORIENTALE*

*PROPONE LA VITA INSERITA NELLA NATURA*

*CELEBRATO DALLA CHIESA CATTOLICA E QUELLA LUTERANA*

## Viene celebrato con vari riti legati ai 4 elementi

che compongono il macrocosmo ed il nostro microcosmo!!!

Acceso un gran **fuoco** dopo la S.Messa nei riti al Santo dedicati, con vari simboli che, bruciati, volano in **aria**, segue il rito dell'**acqua** benedetta da parte del-Parroco e la Benedizione degli animali brucanti la **terra**.

Ciascuna famiglia spesso in tali riti prende un pò di brace su cui bruciare dell'incenso per "purificare" anche le proprie case.

Non manca la benedizione del pane, che, molto probabilmente, nasce dall'antica credenza che il grave male di quel tempo da cui il Santo guariva, fosse dovuto all'ingestione di pane preparato con farina di segale cornuta.

Attraverso questo rito dagli echi orientali, dedicato al Santo esorcista di Eracleopoli nel medio Egitto, vissuto verso la metà del terzo secolo, che diede origine al più importante nucleo del monachesimo orientale, si esorcizza il male, mentre **la materia si smaterializza in energia** di rosso fuoco, simbolo anche del fervore spirituale.

Il Santo asceta che propose un sistema anacoretico di vita, a contatto con la Natura, con il piccolo campanello delle sue icone, richiama, oltre ai valori spirituali,alla conservazione della Natura ed alla contemplazione della  magia di ogni vita vegetale ed animale.

## *SAN FRANCESCO DI ASSISI*

### *ESEMPIO DI VITA A CONTATTO DELLA NATURA, COMUNICANDO CON GLI ANIMALI*

**San Francesco opera di Lavinio Sceral**

San Francesco è per antonomasia il Santo che richiama all'armonia della vita umana tra le altre vite animali e vegetali, trovando la possibilità anche di comunicazione.

E’ una sacralità che va al di là del tempo e dello spazio in una armonia del creato indispensabile per una vita appagante .

Francesco nacque ad **Assisi nel 1182**, da Pietro di Bernardone, ricco mercante di stoffe preziose, e da Madonna Pica; ***la madre gli mise nome Giovanni; ma, tornato il padre dal suo viaggio in Francia, cominciò a chiamare il figlio Francesco*** Prima della conversione il giovane Francesco fu partecipe della cultura "***cortese-cavalleresca***" del proprio secolo e delle ambizioni del proprio ceto sociale (la nascente borghesia).

Nel 1202, tra le fila degli ***homines populi***, prese parte allo scontro di Collestrada con i perugini ed i ***boni homines*** fuoriusciti assisani: ***Francesco fu catturato con molti suoi concittadini e condotto prigioniero a Perugia…Dopo un anno tra Perugia e Assisi, fu conclusa la pace, e Francesco rimpatriò insieme ai compagni di prigionia*** .

Decise allora di realizzare la sua aspirazione a diventare ***miles*** (cavaliere) e nel 1205 si unisce ***al conte Gentile, che partiva per la Puglia, per essere da lui creato cavaliere*** . A questo punto della vita di Francesco iniziano i segni premonitori di un destino diverso da quello che lui aveva sognato. In viaggio verso la Puglia, giunto a Spoleto, ***a notte fatta si stese per dormire. Nel dormiveglia udì una voce interrogarlo: «Chi può meglio trattarti: il Signore o il servo?». Rispose: «Il Signore». Replicò la voce: «E allora perché abbandoni il Signore per il servo?»*** L’indomani Francesco torna ad Assisi aspettando ***che Dio, del quale aveva udito la voce, gli rivelasse la sua volontà***

Trascorre circa un anno nella solitudine, nella preghiera, nel servizio ai lebbrosi, fino a rinunciare pubblicamente, nel 1206, all’eredità paterna nelle mani del vescovo Guido e assumendo, di conseguenza, la condizione canonica di penitente volontario. **Francesco veste l’abito da eremita** continuando a dedicarsi all’assistenza dei lebbrosi e al restauro materiale di alcune chiese in rovina del contado assisano dopo che a San Damiano aveva udito nuovamente la voce del Signore dirgli attraverso l'icona del Crocifisso: ***«Francesco va', ripara la mia casa che, come vedi, è tutta in rovina»***

Nel 1208, attirati dal suo modo di vita, si associano a Francesco **i primi compagni** e con essi nel 1209 si reca a **Roma** per chiedere a Innocenzo III l'approvazione della loro forma di vita religiosa. Il Papa concede loro l'autorizzazione a predicare rimandando però a un secondo tempo l'approvazione della Regola: ***Andate con Dio, fratelli, e come Egli si degnerà ispirarvi, predicate a tutti la penitenza. Quando il Signore onnipotente vi farà crescere in numero e grazia, ritornerete lieti a dirmelo, ed io vi concederò con più sicurezza altri favori e uffici più importanti***

***In questo periodo in cui l'equilibrio Naturale del Pianeta è continuamente violentato l'attuale Papa adotta in modo significativo il nome di Francesco per richiamare al valore della Vita in tutte le sue Manifestazioni.***

***SAN GIOVANNI EVANGELISTA CON L'AQUILA INVITA A GUARDARE IN ALTO, VERSO LA "LUCE", PER UN AMORE UNIVERSALE***

**Opera di Daniela Vitolo**

L'aquila è attribuita nell'iconografia a San Giovanni Evangelista quale simbolo di contemplazione.

Con l'acutezza della sua vista è capace di innalzarsi al di sopra delle nuvole e di fissare il sole

Giovanni ed il fratello Giacomo furono detti da Gesù "FIGLI DEL TUONO", di una forza potente che viene dall'alto, dalla contemplazione.

Il Vangelo di Giovanni Evangelista inizia con la conoscenza del LogosLuce, Luce di Verità, Luce d' Amore, Luce che si può "vedere" con uno sguardo acuto....come l'aquila!

San Giovanni Evangelista, autore del quarto Vangelo e dell'apocalisse, era più portato alla contemplazione che all'azione.

Predicò sempre sopratutto l'amore! Fu l'unico apostolo a non trovare la morte nelle persecuzioni. Anche quando Diocleziano lo fece gettare nell'olio bollente non morì! E' l'Apostolo che nella ultima cena appoggiò la sua testa sul cuore di Gesù, quasi a cogliere il suo senso dell'amore.

Gesù l'affidò alla madre Maria ed egli è il princiale santo che richiama al Culto Mariano.

Visse oltre cento anni, simbolo della forza dell'amore!

Predicò l'amore e la carità e fraternità sino all'ultimo, quando non si reggeva più in piedi e si muoveva sorretto.

La sua esortazione all'amore tra gli uomini, tra i popoli è particolarmente importante in questi tempi.

Gli eventi dolorosi e gloriosi della Passione e Risurrezione di Nostro Signore, che la Santa Chiesa ha da poco celebrato, presentano unite, nel dolore della morte di Gesù e nell'estremo gaudio della sua Risurrezione, due anime, testimoni oculari e privilegiate di questi eventi che inaugurano la storia della Chiesa e del Cristianesimo: Maria Santissima, la madre di Gesù, e san Giovanni.

Ogni cristiano, prolungando in sé misticamente la vita di Gesù, è, a giusto titolo, ritenuto figlio di Maria Santissima.

«*Tale infatti dovrà diventare* – afferma Origene – *chi vorrà essere un altro Giovanni, che – come Giovanni – Gesù possa dichiarare di lui che è Gesù. Se infatti nessun altro è figlio di Maria all'infuori di Gesù, e Gesù dice alla Madre: "Ecco il figlio tuo", è come se le dicesse: "Ecco, questi è Gesù che tu hai generato". Poiché ogni perfetto non vive più, ma è Cristo che vive in lui, di lui si dice a Maria: "Ecco Cristo, tuo figlio"».*

I santi, tra i cristiani, sono coloro che realizzano più pienamente questa vita divina in loro

San Giovanni Evangelista con la sua aquila richiama ad uno sguardo "alto", al di sopra di ogni divisione, dove si supera ogni differenza di razza, di cultura, di tradizioni, tesi all'AMORE UNIVERSALE!

## INDICE

**MARISA RUSSO**
**GIORNALISTA-SCRITTRICE-ART DIRECTOR**

***GIÀ DIRETTRICE RESPONSABILE DELLA RIVISTA "AMBIENTE: NATURA E CULTURA"***

**GIÀ PRESIDENTE "GENIUS LOCI" SOC.COOP. DI COMUNICAZIONE CON CUI HA VINTO VARI PROGETTI EUROPEI**

**PRESIDENTE ASS.ARTISTICA CULTURALE ARPERC ARTE PER COMUNICARE CON CUI HA OPERATO A LIVELLO NAZIONALE**

**Studiosa di simbologia. Dalla passione alla matematica, per cui aveva collaborato con** il padre Matematico Preside Ugo Russo nella stesura di vari testi, per interesse alla vita in tutte le sue forme, sceglieva il Corso Universitario di Scienze Biologiche. Ha seguito corsi di psicologia e di religione. Responsabile per l'Arte della Casa Editrice Menna, selezionava Artisti per le Mostre d'Arte Nazionali ed Inter. Crea e dirige vari Progetti di Murales Artistici per Enti pubblici. Inserita nella pag. internet Artcurel Arte Cultura Religione, nella rubrica Autori.

E mail arperc@libero.it

Printed by Books on Demand GmbH, Norderstedt / Germany